Ursula Müller-Hiestand

Papiermaché

**Mit Bildern von
Evelyn und Jean-Pierre König**

AT Verlag

2. Auflage, 1996
© 1994
AT Verlag Aarau/Schweiz
Gestaltung: Renata Minoretti Meier
Satz, Lithos und Druck:
Aargauer Zeitung AG, Aarau
Bindearbeiten: Buchbinderei Schumacher AG,
Schmitten
Printed in Switzerland

ISBN 3-85502-515-9

Inhaltsverzeichnis

Einstimmung	5
Einführung	6

Schichttechnik — 8

Schichttechnik Schritt für Schritt	10
Arbeitsvorbereitung	10
Schichten und Trocknen	11
Aussenform überkleben	12
Grundieren mit Farbe oder Leinöl	13
Geschlossene Hohlform umkleben	14
Bälle und Ballone überkleben	16
Kartonanbauten	18
Tellerrand	18
Sockel und Füsse	21
Henkel und Griffe	22
Dekorelemente	24
Schachteln caschieren und dekorieren	26
Plastisches Schichten	28
Maske	28

Papierteig/Pulpe — 30

Pulpeherstellung Schritt für Schritt	32
Pulpe auf Karton und frei geformt	34
Tiere	34
Serien	35
Handpuppenkopf	36
Pflanzenformen	38

Maschendraht und andere Träger — 40

Objekte auf Maschendraht	40
Vogeltablett	42
Huhn	42
Schmetterling	44
Blattschalen	44
Objekte auf anderen Trägern	46
Blumensäule	46
Stiefel	46
Kinderstuhl als Prinzessinnenthron	48

Papiermaché veredeln — 50

Oberflächenstrukturen	52
Faltentechnik	52
Knautschtechnik	52
Schnurornamente	52
Bilderrahmen frei gestaltet	54
Bemalen	56
Steinimitationen	56
Collagen	58
Collage mit farbigem Japanpapier	58
Kleisterpapier	58
Freies Malen	60
Spritztechnik/Drucken	61
Gips	62
Gipsbandagen	63

Schmuckobjekte — 64

Körperschmuck	66
Kopfschmuck	68
Weihnachtsschmuck	70

Wichtiges von A bis Z	72

Die grundlegenden Werkstoffe in der Papierwerkstatt sind Zeitungspapier, das uns gratis zur Verfügung steht, und Kleister, der billig ist. Zusätzlich braucht es nur noch einige ausrangierte Kochtöpfe, Schüsseln und Küchengeräte. Spezialwerkzeuge sind nicht nötig und alle weiteren Zutaten in jeder Apotheke erhältlich.

Einstimmung

Papierstücke aneinanderreihen und kleben, Flächen, Kreise, Reihen bildend. Schichten, kleben, schichten … In beschaulicher Arbeit wächst das Werkstück, Papierlage um Papierlage, bis zum endgültigen Rohling. Das ordnende Zusammenfügen gleicher Papierstücke bringt Kinder, Erwachsene ebenso wie behinderte Menschen in eine gute Schwingung, die sich in kürzester Zeit in der Werkstatt ausbreitet.
Das Kochen und Zubereiten des Papierteigs, auch Pulpe genannt, eröffnet eine weitere, ganz andere Verarbeitungsmethode. Pulpe- und Schichttechnik kombiniert schaffen zusätzliche Möglichkeiten. Werden ausserdem noch Unterbauten aus Kartonresten, Gittergeflecht, Draht oder Holzkonstruktionen miteinbezogen, erweitern sich die Perspektiven nochmals.
Papiermaché ist einer der vielseitigsten Werkstoffe. Zur Vielfalt an Verarbeitungstechniken kommt noch eine grosse Auswahl an Oberflächenbearbeitungen hinzu, durch die den Rohlingen das endgültige Aussehen gegeben wird. So wird die Wahl zur schönen Qual: Gefässe, Dosen, Tabletts, Puppen, Tiere, Kleinmöbel, Accessoires, Masken, Schmuck …

Einführung

Papiermaché, ein altes Kunsthandwerk, erlebt eine Renaissance. Vor Zeiten als Kulturgüter über Kontinente gehandelt, gerieten Papiermachéobjekte mit der Industrialisierung in der westlichen Welt in Vergessenheit. Aus Drittweltländern werden heute wieder Schmuck- und Gebrauchsgegenstände mit kunstgewerblichem Charakter und oft eigenwilligem Aussehen bei uns eingeführt.

Blättern wir in der Papiergeschichte zurück, erfahren wir, dass seit Menschengedenken die Chinesen die grossen Papierkünstler waren. Selbst als Kriegsausrüstung trugen sie gehärtete Papierhelme als Kopfschutz. Archäologische Grabungen brachten im mandschurischen Kwantung Kriegshelme, Essgeschirr, rotlackierte Topfdeckel, alles aus Papier gefertigt, zutage. Die Gegenstände sollen aus der Han-Dynastie, 206 v. Chr. bis 220 n. Chr., stammen.

Im 8. Jahrhundert in persische Gefangenschaft geratene Chinesen mussten ihr kunsthandwerkliches Können den Persern verraten. Diese entwickelten das Handwerk zur Industrie und stellten bis vor etwa zweihundert Jahren in grossen Papiermachéfabriken Spielwaren, Teller, Schatullen, Spiegelrahmen und Kleinartikel her. Auch in Indien blühte die alte Papiermachékunst. Indische Gefässformen sind mit schwungvollen Formen, Griffen und Knäufen gestaltet. Bevorzugt waren Blumenrankendekors im florentinischen Stil. Vermutlich waren diese Muster über den Meerweg nach Kaschmir gelangt, wo daraus nach dortigem Geist und Empfinden die bekannten Kaschmirmuster entwickelt wurden.

Eine echte Glanzzeit erlebte die Technik ab 1670 in England. Stuckimitationen, Möbel und Kunstgegenstände aus dem wandelbaren Material prägten ein gutes Jahrhundert lang den Stil. England besass die grössten Papiermaché-Produktionsstätten Europas. Doch auch auf dem Kontinent, in Deutschland und Frankreich, hielt die vielseitige Technik Einzug. 1765 wurden in Berlin die ersten Schnupftabakdosen in Serie hergestellt. In Frankreich wurden Schnupftabakdosen und andere Gegenstände in einer Nachahmung der alten chinesischen Lacktechnik zu eleganten Accessoires veredelt. Ein Dresdner Uhrenmacher baute sogar ein Standuhrgehäuse aus Papiermaché. Anfang des 19. Jahrhunderts fand das Material für die Produktion von Puppenköpfen, Kasperlefiguren und Handpuppen Verbreitung.

Die Japaner stellten aus der Papiermasse Drachen, Tiger und andere Tierfiguren her, die für die Kinder bestimmt waren und zur Abwehr von bösen Geistern und Dämonen dienten. In Mexiko werden heute noch, vor allem zum grossen Fest der Toten, zu Allerseelen, verschiedenste Fetische aus Papiermaché geformt, Skelette, Totenköpfe, aufklappbare Totenschreine. Auch die weihnächtliche Krippe mit der heiligen Familie ist in Südamerika ein besonders beliebtes Thema der Papiermachékunst.

Schichttechnik

Zur Grundausrüstung der Schichttechnik gehören eine flache Leimschale und ein grosses Stück abwaschbares Abdeckmaterial (Plastikfolie) für den Arbeitsplatz.
Ein Schwammtuch und ein feuchter Lappen sollten immer griffbereit sein, um Arbeitsplatz und Hände von Kleisterspuren zu befreien.

Viele Hohlformen eignen sich als Grundform für diese Technik: Schalen, Tabletts, Gefässe, Töpfe, Ballone, Flaschen.
Die Grundfläche wird regelmässig mit gleich grossen, von Hand gerissenen Papierstücken überdeckend beklebt. Dazu eignen sich alle unbehandelten, nicht satt bedruckten Papiere wie Zeitungspapier, Verpackungspapier, Seiden- und leichtes Einwickelpapier, Orangenpapierchen. Fisch- oder Weizenkleister ist der bewährte Klebstoff.
Jeweils nach vier Schichten lässt man die mit Papierstückchen beklebten Rohlinge auf einem ausgedienten Kuchengitter an der Sonne, im auskühlenden Backofen oder auf einem warmen Heizkörper durchtrocknen.

Schichttechnik
Schritt für Schritt

Am Vorabend zubereiten: Den Kleister in kaltes Wasser einrühren. In die sämige Masse den Weissleim geben, unterziehen und zugedeckt an einem kühlen Ort stehen lassen.

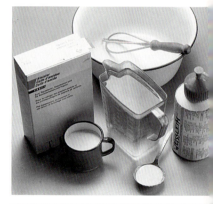

Arbeitsvorbereitung

Grundrezept Kleister
5 Teile Wasser
1 Teil Kleister
1 Esslöffel Weissleim

Werkzeug
Leimschale (nicht aus Aluminium)
Rührbesen
Esslöffel
Becher oder Tasse als Mass
Schwamm

Material
Zeitungspapier
dünne Klarsichtfolie
Abdeckband
Grundform, Gefässe

Beim Reissen der Papierstreifen auf die Laufrichtung des Papiers achten!
2 cm breite Streifen in Längsrichtung reissen. Für kleinere Einheiten quadratische oder rechteckige Stücke quer zur Laufrichtung abtrennen.
Die Fasern der gerissenen Streifen verbinden sich dann besser beim Verleimen.

Die Schale mit einem feuchten Schwamm ausreiben und das Innere mit Klarsichtfolie glatt auslegen. Die Folie am Gefässrand mit Abdeckband (Klebeband) festkleben. Zwischen Schale und Klarsichtfolie dürfen keine Luftblasen sein!

Statt mit Folie kann auch mit Vaseline eine Trennschicht gebildet werden. Die Schale wird mit Vaseline gleichmässig ausgestrichen. (Bei diesem Verfahren muss der fertige Rohling vor der Oberflächenbehandlung mit Spiritus vom Fett befreit werden.)

Schichten und Trocknen

Werkzeug
Leimpinsel
Schwamm und Lappen
Wäscheklammern
Steinchen
Blechschere
Gitter zum Trocknen

Material
Zeitungspapier in Streifen, Stücken
Klebeband
Garten- oder Blumendraht
Kleister

Weder zu nass noch zu trocken kleben. Überflüssigen Kleister mit Schwamm oder Lappen entfernen. Die aufgeklebten Papierstücke müssen eine glatte Fläche bilden. Nach der zwölften Schicht wird der Rohling aus der Form gehoben. Für dickwandige Gefässe oder Objekte können beliebig mehr Schichten verleimt werden. Zum Durchtrocknen das Werkstück auf ein Gitter legen.

Beim Gefässrand beginnend, die Papierstücke überlappend immer in der gleichen Papierlaufrichtung aufkleben. Die zweite Schicht mit der Papierlaufrichtung im rechten Winkel zur Laufrichtung der ersten Schicht aufkleben. Nach jeweils vier Schichten trocknen lassen.

Um ein Verziehen und Wellen des Papierrands zu vermeiden, wird der feuchte Rohling mit Wäscheklammern oder Klebstreifen in Form gehalten. Grosse Flächen werden mit Steinchen, Marmeln oder ähnlichem beschwert. Während der Trocknungszeit Steine und Klammern immer wieder verschieben.

Ein überklebter Draht bewirkt eine zusätzliche Randverstärkung und ist besonders bei weiten, ausladenden Formen, zum Beispiel an grossen Schalen oder Tabletts, nötig.

Aussenform überkleben

Werkzeug
Leimpinsel
Schwamm und Lappen
Schere, Papiermesser oder Cutter

Material
Zeitungspapierstreifen
Seidenpapierstreifen
Klarsichtfolie
Abdeckband, Kleister

Die Hohlform (Eimer, Topf oder ähnliches) mit Klarsichtfolie als Trennschicht überziehen und diese mit Abdeckband am Innenrand fixieren. Die Papierstreifen mit dem Pinsel auf die Trennschicht kleben, vom Boden über die Aussenwand bündig zum Rand. Die zweite Schicht rechtwinklig zur ersten auftragen und verleimen. Nach jeweils vier Schichten trocknen lassen.

Nach etwa fünfzehn Schichten nochmals ganz durchtrocknen lassen. Dann mit dem Papiermesser oder Cutter aufschneiden. Die Trägerform entfernen.

Um die Schnittstelle zu schliessen, an drei bis vier Punkten mit Klebebandstreifen fixieren. Auf der Innen- und Aussenseite kreuzweise Zeitungspapierstreifen aufkleben. Nach dem Durchtrocknen den Rand mit Papierstreifen, die 4 cm nach innen und 4 cm nach aussen reichen, umkleben.

Grundieren mit Farbe oder Leinöl

Um das Werkstück zu versäubern und eine für die Grundierung geeignete, glatte Oberfläche zu erhalten, wird zuletzt eine Schicht Seidenpapier oder Packpapier aufgetragen. Packpapier ergibt eine stark gespannte Oberfläche, es verleiht dem Werkstück eine grosse Stabilität: Das Papier mit der glatten Seite nach oben verkleben. Auch unbedrucktes Zeitungspapier, Quittungszettel und Recyclingpapier sind zweckmässige Materialien, um die Oberfläche zu versäubern. Sie alle werden mit demselben Kleister aufgetragen, der zum Formen des Werkstücks verwendet wird. Allerdings bewährt sich eine zusätzliche Zugabe von 3–4 Esslöffeln Weissleim auf den angerührten Kleister. Der Weissleim verleiht dem Papier eine gewisse Elastizität.
Je nach der gewünschten späteren Oberflächenbearbeitung kann das Objekt mit heller oder dunkler Acrylfarbe grundiert werden.
Bei zarten Dekorationen wird bis dreimal übermalt (grundiert).
Die Druckerschwärze darf nicht mehr durchscheinen.
Um das Gefäss wasserdicht zu machen, braucht es bis zu vier Leinölanstriche. Zwischen den Anstrichen 24 Stunden trocknen lassen.

Geschlossene Hohlform umkleben

Die Form mit Klarsichtfolie überziehen und das überstehende Stück mit Klebeband flach festkleben. Zwölf Papierlagen kleben. Nach jeder Schicht (jeweils vier Lagen) durchtrocknen lassen. Wenig unterhalb der Mitte längs um die ganze Eiform mit Bleistift einen Strich ziehen. An einer Stelle zusätzlich einen Querstrich anbringen. Diese Markierung hilft, bei der Weiterverarbeitung die Teile wieder richtig aufeinanderzusetzen.

Mit dem Japan- oder Papiermesser die Längslinie anritzen und bis auf die Grundform schneiden. Um die beiden Teile abnehmen zu können, braucht es einen zusätzlichen Schnitt quer an der stumpfen Eiseite. Dieser wird später, wie beim Cachierverfahren (Seite 12) beschrieben, kreuzweise verklebt.

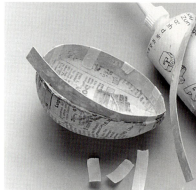

Aus einem 1 mm starken Karton einen Streifen von 8 mm Breite zuschneiden. Dieser wird auf der Innenseite der unteren Schalenhälfte so eingeklebt, dass er sich leicht nach innen neigt und 5 mm über den Rand hinausragt. Mit Weissleim an die Innenwandung kleben und mit Klebeband fixieren.

Seidenpapierstreifchen werden mit Weissleim und nur wenig beigemengtem Kleister von aussen über den Kartonkragen nach innen geklebt. Im angetrockneten Zustand mit dem Falzbein oder Fingernagel den Rand nachziehen. Den Rand des Schalendeckels mit gleich breiten Seidenpapierstreifen sauber umkleben.

Werkzeug
Bleistift
Cutter oder Papiermesser
Falzbein
Schere
Leimpinsel

Material
Plastikgrundform (Bastelgeschäft)
Klarsichtfolie
Klebeband
Zeitungspapier
1 mm starker Karton
Seidenpapier
Kleister
Weissleim

Farbbild
Die Sparbüchsen, die Herzdose, die Schalen und der ovale Teller wurden von erwachsenen Behinderten der Barbara-Keller-Werkstatt, Küsnacht, angefertigt. Der Pflanzenübertopf wurde von einer Teilnehmerin an einem meiner Kurse hergestellt.

Bälle und Ballone überkleben

Material
Bälle, aufgeblasene Luftballone
Seidenpapier, Japanpapier, Orangen-
papierchen, dünnes Zeitungspapier,
Telefonbuchpapier
Klebeband
Kleister mit 4 Esslöffel Weissleim
Leimpinsel

Aufgeblasene Ballone oder Bälle
werden mit Klebeband auf passenden
standfesten Halterungen befestigt.
Vier oder höchstens fünf Papierlagen
kleben, dann den Ballon anstechen
und herausziehen. Um den Ball
herauszulösen, die Papierschicht ein-
seitig wenig einschneiden, den
Ball herausschälen und die Schnittstelle innen und aussen überkleben.

Zarte Objekte – Papierschalen, dünn wie Eierschalen für Federchen, Blätter, Blüten, für Lampions oder Lampen.

Kartonanbauten

Die ovale Tellerrohform erhält einen ovalen, 7,5 cm breiten Kartonrand: Die Schale auf einen Karton von 2–3 mm Dicke stellen. Die Kontur nachzeichnen, nach innen eine Masszugabe von 3 mm markieren und den Randstreifen mit dem Cutter ausschneiden.

Tellerrand

Werkzeug
Bleistift
Cutter, Schere
flacher Borstenpinsel

Material
2–3 mm starker Karton
Klebeband
2 cm breite Papierstreifen
Weissleim, mit wenig
Kleister gemischt

Die Rohform mit der Innenseite nach unten auf den ausgeschnittenen Rand setzen und mit Klebeband provisorisch fixieren. Wenden und an der Innenseite ebenso fixieren.

Mit der Schere gleich breite Streifen Papier schneiden. Den Weissleim mit wenig Kleister zu einer streichfähigen Masse mischen. Die Streifen von der Innenseite über den Rand bis nach unten an den Gefässboden kleben.

Farbbild
Beide Gefässe mit kugeligem Hohlraum und angesetztem Rand sind von erwachsenen Behinderten der Barbara-Keller-Werkstatt gestaltet worden.

Damit sich der ausladende Rand nicht verzieht, wird er quer zur ersten Schicht oben und unten mit gleich breiten Streifen überzogen. Dieser Vorgang kann abwechselnd zwei- bis dreimal wiederholt werden. Der Rand erhält so Volumen.

Hinweis

Das Umkleben eines Kartonrandes muss rasch und zügig erfolgen. Nie nass kleben! Zum Anfang die beiden Kartonflächen oben und unten vollflächig mit der Weissleimmischung bestreichen. Die Streifen regelmässig nebeneinander, leicht überlappend auflegen. Mit dem flachen Pinsel gleichmässig einleimen, andrücken, überpinseln. Überflüssigen Leim mit einem Lappen oder Schwämmchen abtupfen.

Technik

Sind bestimmte Streifeneffekte erwünscht, müssen die Abstände und Winkel genau geplant und beachtet werden. Auf reizvolle Weise kann der Ansatz (der Rand des Rohlings) betont werden: Aus eingeleimtem Seidenpapier wird eine Rolle gedreht. Diese wird aufgesetzt und nochmals mit Papierstreifen überklebt. Im angetrockneten Zustand kann die aufgesetzte Rolle geformt werden, indem man sie rund oder spitz zurechtdrückt, die Wulst betont usw.

Tip

Alle Randanbauten, vor allem wenn sie weit ausladend sind, müssen während der ersten Trocknungsphase mit der Oberseite nach unten auf ein Gitter gelegt werden. Das Werkstück eventuell mit einem Papier leicht abdecken. Zu schnelles Trocknen verursacht Spannungen, die den Rand sich wellen oder verziehen lassen.
Nach ein paar Stunden das Werkstück wenden. Breite Ränder sollten durch zerknüllte Papierbällchen, Papierstapel oder ähnliches gestützt werden.

Sockel und Füsse

Werkzeug
*Cutter, Schere
flacher Borstenpinsel*

Material
*Kartonstreifen oder Kartonrohr
Klebeband
Weissleim mit wenig zugemischtem Kleister
Papierstreifen aus Recyclingpapier
Eierkarton
Seidenpapier*

Einen 3 cm breiten Kartonstreifen randbündig zum Zylinder schliessen, mit Klebeband überkleben. Den so entstandenen Kartonsockel auf den Gefässboden stellen. Mit einem Bleistift markieren und auf die markierte Kreislinie Weissleim aus der Tube gleichmässig dünn auftragen. Den Sockel aufsetzen und beschweren.

Den Sockel überlappend mit 1 cm breiten Papierstreifen an das Gefäss kleben.

Einen Eierkarton mit dem Cutter aufschneiden. Die einzelnen Eierbehältnisse als Füsse mit Weissleim an den Schüsselboden kleben.

Die Füsse mit Seidenpapierstücken cachieren. Einen schönen, gleichmässigen Übergang vom Fuss zur Schüssel arbeiten.

Henkel und Griffe

Werkzeug
Cutter oder Japanmesser, je nach Kartonstärke
Schere, Blechschere
Leimpinsel

Material
Kartonrohre, Verpackungshülsen
Weissleim, Klebeband
Seidenpapier, unbedrucktes Zeitungspapier, Recyclingpapier
Gartendraht
Kleister

Farbbild
Alle diese Henkelgefässe entstanden in der Barbara-Keller-Werkstatt.

Als ideale Grundformen für Henkel dienen ganze, halbierte oder geviertelte Kartonrohre. Diese werden immer mit Weissleim am Rohling festgeklebt. Während der Trocknungszeit halten Klebebandstreifen die Konstruktion. Ist der Klebstoff durchgetrocknet, werden die Henkel mit Seidenpapier, unbedrucktem Zeitungspapier oder Recyclingpapier cachiert und gleichzeitig mit dem Rohling verbunden.

Die in Schichttechnik gearbeitete Form (oberes Bild) erhält zwei Henkel aus einem halbierten, die Schüssel (rechts) zwei kreisrunde Henkel aus einem ganzen Kartonrohr.

Aus einer Kokosnusshälfte entstand die Schöpfform. Sie ist mit Japanpapier veredelt. Für den Stiel ein Stück Gartendraht mit einem eingekleisterten Papierstreifen umwickeln und, sobald er leicht angetrocknet ist, formen, dann durchtrocknen lassen. Schliesslich wird der Griff mit dem Schöpflöffel verleimt.

Für ausgeschnittene Griffe die Grifflöcher aufzeichnen und jeweils einen Kreuzschnitt anbringen: mit dem Cutter horizontal, dann vertikal einschneiden. Anschliessend die Viertelsegmente einzeln in der Rundung ausschneiden. Die Schnittkante mit 5 mm breiten Streifen Recyclingpapier umkleben.

Dekorelemente

Die zugeschnittenen, eingeleimten Papierstreifen längs rollen, dann mit beiden Händen in Längsrichtung eindrehen. Es entstehen schnurartige Gebilde.

Werkzeug
Schere, Küchenmesser, Modellierholz
Stricknadeln
flacher Borstenpinsel

Material
Papierstreifen
Papierquadrate
Kleister

In dieser Weise gestaltete Papierformen werden auf Seite 27 als Dekorationselemente verwendet und auf Seite 66–69 zu Schmuckobjekten verarbeitet.

Zur Spitze auslaufend geschnittene und eingekleisterte Papierstreifen werden, an der breiten Seite beginnend, locker über eine Stricknadel gerollt und gleichmässig eingewickelt, bis die Papierspitze auf der Rollenmitte liegt.

Drei bis vier eingeleimte quadratische Papiere falten, zu einem Päckchen formen und dieses mit dem Modellierholz oder einem Küchenmesser zu geometrischen Objekten mit klaren Formen drücken.

Zerknüllt und flachgedrückt, entstehen Rondellen, zwischen den Handflächen gerollt, Kugeln. Aus Kugeln entstehen durch Bearbeiten mit den Fingern Phantasieformen.

Material
Papierrondellen
Papierellipsen
Kleister

Vier zugeschnittene Papierrondellen werden mit Kleister-Weissleim-Mischung bestrichen und aufeinandergelegt. Dann drapieren – drehen – drapieren – drehen. Getrocknet präsentiert sich eine Papierrosette, die als Schmuckelement weiterverarbeitet wird.

Ellipsenformen (vorbereitet, wie oben beschrieben) werden zu reliefartigen Blättern gefaltet. Das Drapieren oder Falten geschieht in der Längsrichtung. Die Blattenden werden zum Stiel gedreht.

Schachteln cachieren und dekorieren

Werkzeug
flacher Borstenpinsel
Zahnstocher, Pinzette

Material
Zeitungspapier, Seidenpapier
Schachteln
Flasche
Weissleim, Kleister

Schachteln verschiedener Kartonstärken eignen sich als Träger für die Dekorelemente von Seite 24.

Mit Zeitungsstreifen die Schachteln allseitig überziehen, dabei mit gleichmässigem Kleisterauftrag und wenig Leim arbeiten. Karton ist ein saugfähiges Material und wellt sich schnell bei zuviel Feuchtigkeit.
Die zweite Papierschicht immer quer zur ersten kleben. Dadurch wird die Zugwirkung oder einseitige Spannungstendenz ausgeglichen.
Die einzelnen Papierschichten gut trocknen lassen.

Profile entstehen aus mehrfach aufeinandergeklebten Papierstreifen, die im nassen Zustand gefaltet, geformt und in die gewünschte Position gedrückt werden. Nach dem Trocknen die Profilformen mit Seidenpapierstreifen überkleben. Sie verstärken den feinen Papieraufbau.

Die Dekorationsvarianten sind vielfältig: Die Schubladenschachtel ist über die ganze Fläche mit einer Streifendraperie beklebt. Aus den gedrehten Papierschnüren entstehen ornamentale Formen. Mit Weissleim sowie Pinzette oder Zahnstocher die linearen Formen in noch feuchtem Zustand ausgestalten.
Die verfremdete Flasche ist mit vielfachen Schnurumwindungen geschmückt. Die Zauberdose erhielt Papierkugelfüsschen und Zackendekorationen. Diese sind aus kleinen eingeleimten Papierstücken geformt.

Plastisches Schichten

Maske

Werkzeug
Leimpinsel
Gitter zum Trocknen
Flasche oder ähnliche Form

Material
Zeitungspapier, Packpapier, Seidenpapier
viel Kleister, Weissleim
Abdeckband

Den Weissleim mit Kleister zu einer streichfähigen Masse mischen und mit den Händen auftragen und verstreichen. Es bewährt sich, zur Verstärkung zwischen den Zeitungslagen eine Packpapierschicht einzukleben.

Vier bis fünf Lagen Zeitungspapier (ganzes Format) einleimen und aufeinanderkleben. Die Papierflächen knetend und knautschend, die Grundform der Maske gestalten. Die Ränder umlegen, rollen und flachdrücken. Weitere fünf Schichten aufkleben. Nach etwa zehn Schichten die noch flache Maskenform auf einem Gitter austrocknen lassen.

Nasenwulst und Augenbrauen separat formen, auf die Maskenform legen, überkleben und ausformen. Weitere Papierwülste oder Schichten auftragen. Augen und Mund im feuchten Zustand durchstechen und zur gewünschten Grösse ausweiten.

Zur Verstärkung der Grundstruktur wird in Streifen oder Stücke gerissenes Packpapier aufgeklebt. Um sie plastisch zu formen, die Maske über eine Flasche legen, einleimen und in Form kneten. Antrocknen lassen, dann nochmals überarbeiten und den Maskenrand dicker umkleben. Die Maske der eigenen Kopfform anpassen. Auf einem Gitter durchtrocknen lassen.

Mit der Schicht- und Knautschtechnik entstehen mit wenigen Aufbauschichten äusserst leichte Masken. Als letzte Schicht wird weisses Seidenpapier verwendet. Dieses in Falten legen und über den einzelnen Gesichtspartien aufleimen. Die Maske kann insgesamt bis zu 25 oder mehr Papierlagen stark werden.

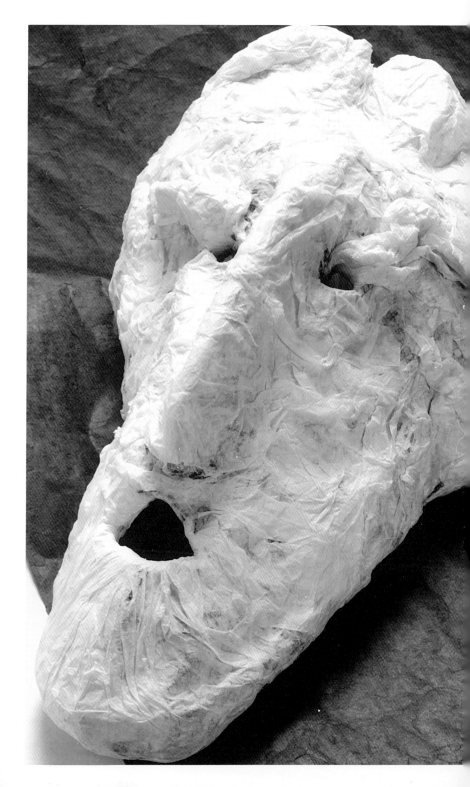

Das Grundmaterial für diese Technik bilden kleine gerissene Fetzchen von Zeitungs- oder Computerpapier, von ungefärbten Servietten und Papiertaschentüchern, aber auch von Eierkartons und Wellkartonresten. Die Papierfetzchen werden in kaltem Wasser eingeweicht, so dass sie ganz mit Wasser bedeckt sind, und ein bis zwei Tage zugedeckt stehen gelassen. Dann wird die Papiermasse auf kleinem Feuer etwa 30 Minuten gekocht und dabei mit einem Holzlöffel oder Bambusstab gestampft und gerührt. Die ausgekühlte flockige Papiermasse auf einem Sieb abtropfen lassen, mit den Händen leicht ausdrücken.
Der Papierbrei wird dann je nach Verwendungszweck mit zusätzlichen Materialien vermischt: Als Füllmaterialien dienen Schlemmkreide, Sägemehl oder Spachtelmasse. Bindemittel wie Weissleim und Weizenkleister halten die Masse zusammen. Leinöl erhöht die Festigkeit und erlaubt eine geschmeidigere Verarbeitung. Wenige Tropfen Nelken- oder Wintergrünöl wirken konservierend und verhindern, dass die Pulpe sauer wird. Gut durchgetrocknete Pulpeobjekte sind hart und stabil. Ihre Oberfläche lässt sich mit Glaspapier bearbeiten.

Papierteig
Pulpe

Pulpeherstellung Schritt für Schritt

Für eine kompakte Oberfläche mit dem Stabmixer die ausgekühlte Papiermasse (siehe Seite 30) gleichmässig fein zerkleinern.

Werkzeug
Stabmixer
Becken
Wallholz (Nudelholz)
Schwämmchen
Teigschaber, Kochlöffel
Modellierholz

Material
Für 1 Liter Pulpe:
12 Doppelbogen Zeitungspapier oder 1 Liter zerkleinerter, ausgekochter und abgetropfter Papierbrei
2 gehäufte Esslöffel Sägemehl oder Schlemmkreide (Sägemehl ergibt eine körnige Oberfläche; falls dies nicht erwünscht ist, weglassen)
2 Esslöffel Weissleim
1 Esslöffel Leinöl
3 Tropfen Nelkenöl
3 Esslöffel Weizenkleister

Klarsichtfolie
Kleister

Farbbild
Kontrastreiches Arbeiten mit Pulpe. Die ausladende Bodenschale und der anmutige Eidechsenteller sind Arbeiten von Kursteilnehmerinnen. Die kleine Taube und die übrigen Gefässe stammen von der Autorin.

Der abgetropften, leicht ausgedrückten Masse werden der Reihe nach die nebenan aufgelisteten Zutaten beigemengt und die Masse jeweils gut durchgeknetet. Die so entstandene Pulpe oder Reste davon bis zur Verarbeitung in einem Plastiksack im Kühlschrank oder bei grösseren Mengen in einem zugedeckten Eimer aufbewahren.

Für flache Objekte, wie zum Beispiel Tabletts, wird der Teig zwischen Klarsichtfolie gleichmässig ausgerollt. Die unter dem Teig liegende Folie dient zugleich als Trennschicht.

Eine Fläche kann aber auch Stück für Stück zur Grundform aneinandergefügt werden. Die Fingerspitzen mit dem angerührten Kleister (Rezept Seite 10) befeuchten und die Stücke ineinander verstreichen. Ein feuchtes Schwämmchen, ein Teigschaber oder Kochlöffel helfen beim Ausarbeiten. Mit dem Kochlöffel sanft auf die Fläche klopfen. Den Rand ausformen.

Pulpe auf Karton
und
frei geformt

Tiere

Werkzeug
Schere, Kartonmesser
Leimpinsel
Messer, Schraubenzieher, Nägel u. a.

Material
1 mm starker Karton
Zeitungspapier
Pulpe
Kleister mit 3 Esslöffel Weissleim-
zugabe
Seidenpapier

Als Nachziehspielzeug wird der Dackel später auf einen einfachen Papiermachéwagen montiert.

Die Tierform aus Karton zuschneiden, allseitig mit Zeitungspapier bekleben und durchtrocknen lassen. Partienweise mit Kleister einleimen, dann die Pulpe in Portionen auftragen, formen, mit Kleister überpinseln und verstreichen. Anschliessend durchtrocknen lassen.

Die Rückseite ebenso arbeiten. Wenn die Form durchgetrocknet ist, mit Seidenpapierstreifen umkleben, um eine glatte Oberfläche und eine gute Grundlage für die Grundierung zu erhalten.

Katze, Täubchen, Fisch. In der feuchten Pulpe lassen sich mit der Messerspitze, mit Schraubenzieher, Nagelköpfen usw. reizvolle Struktureffekte anbringen. Massiv geformte Objekte trocknen langsam. Zum Trocknen auf ein Gitter legen.

Serien

Werkzeug
*Kartonmesser
Küchenreibe, Modellierholz
Leimpinsel*

Material
*Karton, 1 mm und 2 mm stark
Weissleim
Abdeckband
Klarsichtfolie
Pulpe
Kleister
Vaseline
Gitter zum Trocknen*

Eine Serie gleicher Tiere, zum Beispiel eine Schafherde, eignet sich als Spielzeug ebenso wie als Schmuck für grüne Tannenäste.

Für eine Serie schneidet und klebt man sich eine Kartonschablone. Auf einen 2 mm starken Karton wird die Tierform aufgezeichnet und ausgeschnitten. Die Kante der Negativform mit Weissleim bestreichen und der Kontur entlang einen 1 cm breiten Streifen aus 1 mm starkem Karton kleben (siehe Eidose Seite 14). Schliesslich wird die ganze Schablonenform mit schmalem Abdeckband überzogen.

Die Kontur mit Vaseline einstreichen. Die Schablone auf ein Stück Folie legen, eventuell, um ein Strukturmuster zu erhalten, eine Zitronenreibe unter die Folie legen. Nun die Pulpe portionenweise in die Form drücken, mit Kleister bestreichen und ausformen. Die Wollstruktur lässt sich auch mit einem Modellierholz eindrücken. Zum Trocknen die Folie entfernen.

Handpuppenkopf

Werkzeug
Kleisterpinsel
Modellierhölzer

Material
Zeitungspapier
Klebeband
Kleister
Pulpe
Glaspapier Nr. 60, 80

Über zusammengeknülltes Zeitungspapier werden Papierschichten gelegt. Die letzte Papierschicht mit Abdeckband dicht umkleben. Dann nochmals ein Stück Zeitungspapier darüberlegen, am Hals zusammenfassen und mit Klebeband abbinden. Den unteren Rand nach innen legen, den Zeigefinger hineinstecken, mit der anderen Hand das Papier andrücken und wieder mit Band abkleben.

Vorstehende Gesichtspartien wie Nase, Kinn oder Backenknochen aus Papierwülsten rollen, falten und zusammenraffen. Dann mit Klebeband am Kopf fixieren. Mit Kleister und Papierstreifen überziehen.

Farbbild
Fruchtschalen mit angebauten Kartonfüsschen, flachen Griffen, Reliefdekor. Die Gold- und die Bronzeschale entstanden für eine Ausstellung in der Barbara-Keller-Werkstatt, die blaue Schale ist von der Autorin.

Den Kopf einkleistern. Die Pulpe auftragen und die spezifischen Gesichtsmerkmale formen, indem man die Partie mit Kleister einpinselt, mit den Fingern formt und glattstreicht. Dann trocknen lassen. Eventuell in einem zweiten Gang überarbeiten und weiter ausformen. Den fertigen, gut durchgetrockneten Kopf mit Glaspapier fein schmirgeln.

Pflanzenformen

Werkzeug
*Riffelblech oder ähnliches
Küchenreibe, Metallsieb
Gitter zum Trocknen*

Material
*2 mm starker Karton
Kartonrohr
Weissleim
Zeitungspapier, Seidenpapier
Kleister mit Weissleimzugabe
Pulpe
Klarsichtfolie*

Der fertige Kerzenständer ist auf Seite 30 abgebildet.

Ein Kartonrohr, das auf eine Kreisfläche aus 2 mm starkem Karton geleimt und mit zwei Papierschichten umklebt wird, bildet die Grundstruktur für den Kerzenständer mit Blattrosette. Das Rohr wird mit Kleister-Weissleim-Mischung bestrichen, dann die Pulpe aufgetragen und mit dem Pinsel oder den Fingern Leim darübergestrichen, bis eine glatte, dichte Oberfläche entsteht.
Für den Wachstropfenfänger oben eine oder mehr zart gegliederte, blattartige Rosetten formen. Dazu einen Teigwulst bilden und diesen sanft nach aussen ziehen. Wieder mit Kleister ausarbeiten.
Ist der Kerzenständer durchgetrocknet, wird er mit Seidenpapier umklebt. Unebene Stellen werden so ausgeglichen. Die Oberfläche kann aber auch nur mit Glaspapier glattgeschliffen werden.

Für die Blattschale auf ein Riffelblech ein Stück Folie legen, dann Pulpe darauf geben und mit einer Küchenreibe oder einem Metallsieb die Masse flachdrücken.

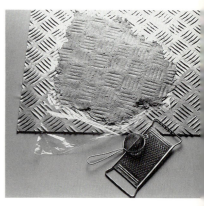

Die so struktuierte Pulpe zu einer Blattschale formen. Den Rand mit Kleister bestreichen und ausformen. Zum Trocknen auf ein Gitter stellen. Den Rand von unten abstützen.

Die Blattschale kann, mit Weissleim aufgeklebt, den Abschluss einer Blumensäule bilden. Wenn der Leim getrocknet ist, die Unterseite der Schale mit Seidenpapierstreifen mit der Säule verkleben. Arbeitsanleitung zur Blumensäule auf Seite 46.

Verzinktes Maschengitter, Kartonhülsen, Zeitungs- und Packpapier, schadhafte Möbelstücke, Holzleisten und Dachlatten bilden ideale Träger für Papiermaché.
Für dreidimensionale Objekte eignet sich der Maschendraht mit sechseckigem Wabenmuster. Er ist weich und gut formbar. Beim rechtwinklig angeordneten Drahtgeflecht sind die Kreuzstellen verlötet, deshalb ist das Material stabil und schwerer zu verarbeiten. Es eignet sich für klare grafische Formen. Maschendrahtgitter ist im Haushaltwaren- und Gartenbauhandel in verschiedenen Maschenbreiten erhältlich.
Mit Sand gefüllte, miteinander verleimte Kartonhülsen ergeben stabile Bauelemente, die als Tisch- oder Stuhlbeine oder als Grundform für Skulpturen dienen können. Denselben Zweck kann auch eingeleimtes, gerolltes Zeitungspapier erfüllen: durchgetrocknet wird es steinhart.
Auch alte Möbelstücke lassen sich mit Papiermaché in phantasievolle Objekte verwandeln und kommen so wieder zu neuen Ehren ...

Maschendraht und andere Träger

Objekte auf Maschendraht

Werkzeug
Blechschere
Schere
Kleisterpinsel
Wäscheklammern

Material
für das Vogeltablett 10-mm-
Maschengitter, etwa 60 x 35 cm
für das Huhn Sechseckmaschen-
draht, 40 x 30 cm
Packpapier, Zeitungspapier, Japan-
papier
Abdeckband
etwas Pulpe
Kleister

Farbbild
Das Vogeltablett entstand in der
Barbara-Keller-Werkstatt, das Huhn
stammt von der Autorin.

Vogeltablett

Das Vogelmotiv ist immer beliebt.
Eine geistig behinderte Frau griff es auf,
es entstand ein grosses Vogeltablett.
Das Vogelmotiv wird auf Packpapier
übertragen, ausgeschnitten
und mit Klebeband auf ein Drahtgitter
geklebt (siehe das Blattschalenmotiv
Seite 40), dann mit der Blechschere
ausgeschnitten und die Drahtkanten
sogleich mit Klebeband eingefasst
(Verletzungsgefahr!). Die Randkante
wird leicht aufgebogen.
Nun wird die Unterseite mit breiten
Zeitungspapierstreifen beklebt:
Jeder Streifen wird auf der Oberseite
befestigt und über den Rand nach
unten geklebt. Dann folgt das Schichten mit 8 cm breiten gerissenen
Papierstreifen, mit denen die ganze
Fläche, immer überlappend,
beklebt wird: vier Schichten, Trockenpause, vier Schichten auf der
Rückseite, Trockenpause, bis etwa
zwanzig Schichten auf der Form kleben.
Mit 2 cm breiten Papierstreifchen
wird der Rand eingefasst.

Huhn

Huhn, Katze, Hase, Fisch sind Sujets,
die auch Ungeübten gelingen.
Ein Stück Sechseckmaschendraht auf
40 x 30 cm zuschneiden und
rundherum mit Band einfassen. Die
Längskanten aufeinanderlegen
und leicht umbiegen. Das eine Ende
bildet den Schwanzteil, das andere
den Kopf. Mit Wäscheklammern
oder Klebeband die beiden Ecken
fixieren.
Von der Kopfseite in den Gittertunnel
greifen und die Maschen von
innen bauchig ausweiten. Von der
Gittermitte zum Kopf hin den Brust-
teil hochziehen und ausformen.
Neu geformte Partien immer mit
Klebeband fixieren. Den Rücken
des Huhns eindrücken und verkleben.
Die Grundform mit Zeitungspapier
stopfen (siehe Bild Seite 40) und
an mehreren Stellen mit Band umkleben. Aus einem Drahtrest den
Schnabel formen, mit Papierstreifen,
dann mit Klebeband umwickeln
und den fertigen Schnabel in den
Kopfteil schieben.
Die Huhnform nun mit Papierstreifen
grosszügig umkleben: an der
Flügel- und Brustpartie mit zusätzlichen Zeitungswülsten runden und
ausformen. Die feinen Übergänge
mit Pulpe ausarbeiten.
Für das abgebildete Huhn wurde als
letzte Schicht Japanpapier aufgetragen.

Werkzeug
Schere
Blechschere
Kleisterpinsel

Material
Maschengitter, für den Schmetterling
ca. 45 x 50 cm, für die Blattschalen
ca. 30 x 30 cm
Packpapier, Zeitungspapier
Klebeband
Kleister
Gartendraht

Farbbild
Der Schmetterling ist eine Arbeit aus
der Barbara-Keller-Werkstatt, die
Blattschalen sind von der Autorin.

Schmetterling

Die schöne Idee, dass ein Schmetterling auf seinen Flügeln Beeren
und Kirschen tragen könnte, hatte
eine junge behinderte Frau aus
der Barbara-Keller-Werkstatt. Weil alle
Schmetterlinge Honig naschen,
durften auch die langen, feinen Fühler
nicht fehlen. Verarbeitung, wie
beim Vogeltablett auf Seite 42 beschrieben. Für die Fühler Gartendraht
mit Papierstreifen umkleben.
Sie sollen, wenn sie trocken sind, noch
biegsam bleiben. Die Fühler mit
Klebeband an der Schmetterlingsform
befestigen und beim Umkleben
des Randes der Maschendrahtform
mitfassen.

Blattschalen

Rebblätterschalen tragen Trauben.
Die Arbeitsschritte sind dieselben
wie beim Vogeltablett (Seite 42) und
der Schmetterlingsschale. Bei
zehn Papierschichten scheint das
Drahtgitter noch als reizvolles
Dekorelement durch.

Objekte auf anderen Trägern

Werkzeug
Kleisterpinsel
Blechschere
Papiermesser

Material Blumensäule
Kleister, Weissleim
Klebeband
Zeitungen
Gewichte zum Beschweren

Material Stiefel
Maschendraht
alter Schuh
Zeitungen, Seidenpapier
Klebeband
Vaseline
Kleister, Weissleim

Farbbild
Der Stiefel – ein witziger Behälter
oder eine kostbare Verpackung – ist
eine Arbeit der Autorin.

Blumensäule

Der Säulenkörper ist aus sechs verleimten Zeitungspapierrollen
zusammengesetzt. Jede Rolle besteht
aus zwölf einzeln verleimten
und gerollten Papierlagen. Die Rollen
werden, aussen angetrocknet,
aber im Kern noch feucht, im Kreis
aufgebaut und mit Klebeband
umwickelt. An einem Ende der Säule
werden die Rollen in etwa 14 cm
Länge nach aussen umgebogen und
zum Fuss geformt. (Der Rohling
ist auf Seite 40 abgebildet, das fertige
Objekt mit aufgeklebter Blattschale auf
Seite 39.)
Zum Durchtrocknen die Säule mit
Bausteinen oder Büchern beschweren,
um dem Säulenfuss seine definitive
Form zu geben. Die Säule bis zum Fuss
zwei bis drei Mal umkleben.
Die Blattdekoration (siehe Seite 25)
zuerst mit Weissleim, dann mit
Seidenpapier an die Füsse kleben.

Stiefel

Ein ungewöhnlicher Behälter für aller
– Handschuhe, Foulards, die
aktuelle Zeitung (gerollt) – oder eine
kostbare Geschenkverpackung.
Auf einen alten Schuh wird als Stiefel-
schaft eine Röhre aus Sechseckmaschendraht aufgesetzt, dem Schuh
in der Form anpasst und mit Band
angeklebt. Den Schuh mit Vaseline ei
streichen. Vier Lagen Papierstreifen
aufkleben, dann trocknen lassen; insgesamt etwa zwölf Papierlagen
aufleimen. Den trockenen Stiefel vom
Rist zur Ferse aufschneiden und
den Schuh herausschälen. Die Schnitt
linie mit Klebeband fixieren
und einmal längs, einmal quer mit
eingeleimten Papierstücken schliesser
Den Stiefel mit Seidenpapier
überziehen.
Mit einer Collage erhielt das Objekt
Pfiff.

Kinderstuhl als Prinzessinnenthron

Werkzeug
Pinsel
Kartonmesser
Schraubenzieher
Schwämmchen

Material
Glaspapier Nr. 80
feuchter Lappen
Zeitungspapier, Seidenpapier
Kleister, Weissleim
2 mm starker Karton und Halbkarton

Mit Papiermaché werden aus alten beschädigten Möbelstücken individuell gestaltete Unikate. Die gebrochenen Rundhölzer am Kleinkinderstuhl wurden überklebt und mit einer neuen Rückenlehne und Kissen ausstaffiert.

Mit Glaspapier Nr. 80 das Holz anschleifen, den Staub mit einem feuchten Lappen entfernen. Zeitungsstreifen in verschiedenen Breiten reissen.

Kleister und Weissleim im Verhältnis 1:1 mischen, den Stuhl damit Stück für Stück mit dem Pinsel bestreichen und mit eingeleimten Papierstreifen glatt umwickeln.

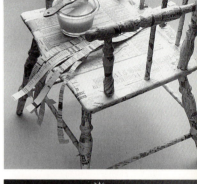

2 mm starken Karton für die Rückenlehne zuschneiden und mit etwa acht Schichten allseitig umkleben. Für das Rückenkissen vier ganze gefaltete Zeitungsblätter eingekleistert aufeinanderlegen und zu einem Paket falten. Bis zum gewünschten Volumen den Vorgang wiederholen. Das trockene Kissen mit Weissleim auf die Kartonlehne kleben. Die ganze Rückenlehne mit Seidenpapierstreifen an die Rundstäbe kleben. Ebenso werden die Armlehnenpölsterchen hergestellt. Für die Kugeln und Kronen wird eingekleistertes Papier zu Kugeln geformt. Sobald diese trocken sind, werden die aus Halbkarton zugeschnittenen Kronen daraufgesetzt und alles mit Seidenpapier überzogen. Trocknen lassen. Mit einem Schraubenzieher ein Loch in die Kugeln bohren und das königliche Dekor mit Weissleim aufkleben.

Der fertige Stuhl wird in einer zarten Farbe grundiert und mit einer Schicht Marmor- oder Steinimitationsmalerei (siehe Seite 56) versehen. Auf die Kissen die Farbe mit einem Schwämmchen aufstupfen. Alle Oberflächen mit Naturharzöl versiegeln. Das Sitzkissen ist aus einem Kleisterpapier geklebt und mit Zeitungsfetzchen gefüllt.

Papierobjekte lassen sich auf die vielfältigste Art und mit verschiedensten Techniken ausschmücken und veredeln. Wichtig: Zartfarbene Dekors benötigen immer eine Grundierung mit weisser Farbe oder eine aufgeklebte Schicht Seidenpapier als Grundlage, damit die Druckerschwärze nicht durchschimmert.
Geeignete Farben sind Acryl-, Plakat- oder Ölfarbe, Gouache, Pastellölkreiden, Farbstifte, Tusche, Aquarellfarben, Metallfarben, Beizen.
Jede Farbart verlangt nach der entsprechenden Oberflächenbehandlung. Acrylfarben werden mit mattem oder glänzendem Acryllack überzogen, Gouachefarben mit Seidenglanz, Hartgrund oder eventuell Naturharzöllasur. Es ist wichtig die Verträglichkeit der gewählten Farbe und Lackierung im voraus zu testen.
Für wasserdichte Gefässe oder Objekte bis viermal mit Leinöl grundieren, vor jedem Anstrich trocknen lassen, dann bemalen und drei bis vier Schichten Lack auftragen. Zwischen den Lackanstrichen mit Glaspapier sanft anschleifen.

Oberflächen-strukturen

Werkzeug
Borstenpinsel, flach und breit
Pinzette
Schwämmchen

Material
Seidenpapier
unbedrucktes Zeitungspapier
Kleistermischung
Schnur, Kordel
Acrylfarbe

Farbbild
Der grosse Teller stammt von einem Werkstattleiter der Barbara-Keller-Werkstatt, die übrigen Objekte von der Autorin.

Faltentechnik
Drei Lagen Seidenpapier längs kräuseln oder fälteln. Den Rohling mit Kleister-Leim-Mischung im Verhältnis 1:1 einstreichen. Das Seidenpapier mit den Fältchen in Längsrichtung auflegen, zusätzlich raffen und andrücken. Mit dem Kleisterpinsel überstreichen.
Die Farbe mit Schwämmchen in Schichten auftragen, dazwischen trocknen lassen.

Knautschtechnik
Unbedrucktes Zeitungspapier doppelt so breit wie der Schalenrand vorbereiten. Das Papier vollständig in den Kleister tauchen, über der Leimschüssel abtropfen lassen, dann auf den Schalenrand legen und mit allen zehn Fingern gleichzeitig das leimnasse Papier sorgfältig zusammenknautschen.
Trocken mit einer Lage Seidenpapier überkleben: Dazu das Werkstück einkleistern, das Seidenpapier auflegen und mit einem Flachborstenpinsel in alle Fältchen stossen. Nicht mit den Fingern nachhelfen, das nasse Seidenpapier zerreisst sehr schnell! Für einen schönen Struktureffekt Goldfarbe mit einem Schwämmchen nur über die Knautschkanten streichen.

Schnurornamente
Schnurornamente setzen Geduld und eine ruhige Hand voraus. Das zugeschnittene Stück Schnur oder Kordel in Weissleim tauchen, abtropfen lassen, dann mit der Pinzette oder von Hand auf dem mit einer Papierschicht überzogenen Rohling zu einem Muster auslegen. Nach dem Trocknen mit Hilfe eines Borstenpinsels mit Seidenpapierstreifchen überkleben. Die Farbe mit einem Schwämmchen auftragen.

Bilderrahmen frei gestaltet

Werkzeug
Kartonmesser
Pinzette
Kleisterpinsel
Schere

Material
2 mm starker Karton für den Rahmen
Zeitungen, Seidenpapier
Kleister, Weissleim
Kordel, Schnur, Kerne, Muscheln usw.
Verbandgaze

Selbstgemachte oder alte Bilderrahmen bieten Raum für interessante Strukturen.
In Weissleim getauchte, abgetropfte Schnur mit der Pinzette auf den cachierten Kartonrahmen legen und andrücken. Das Schnurprofil trocknen lassen, dann mit Seidenpapier oder Verbandgazestreifen und Weissleim-Kleister-Mischung im Verhältnis 1:1 überkleben.

Aus gefalteten, eingeleimten Seidenpapierstreifen Profile vorbereiten, auf den inneren Rahmenausschnitt legen und überkleistern. Im angetrockneten Zustand von Hand ausformen und zu feinen Kanten ziehen.
Kerne, Muscheln usw. mit Weissleim bestreichen, auf den Rahmen setzen und mit Seidenpapierfetzchen überziehen.

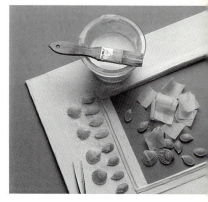

Dieser barock anmutende Rahmen entstand unter den geschickten Händen einer Kursteilnehmerin. Sie vereinte darauf Ferienerinnerungen mit vielerlei Dekorelementen aus dem Haushalt und dem Bastelladen. Einen doppelten, mit Weissleim Rille gegen Rille verklebten Wellkarton in der gewünschten Grösse zuschneiden und mit vier Lagen Papier allseitig umkleben. Nachdem er durchgetrocknet ist, wird der Rahmen neu eingekleistert und darauf die Pulpe aufgetragen. Ist diese leicht angetrocknet, kommen die mit Weissleim eingestrichenen Strukturelemente darauf und werden in die noch weiche Pulpe gedrückt. Nach erneutem Durchtrocknen werden die Dekorationen mit Seidenpapier überzogen und mit dem Rahmen verbunden. Schliesslich wurde der Rahmen mit weisser Acrylfarbe grundiert.

Bemalen

Steinimitationen

Werkzeug
Schwamm, kleine Stofflappen
Hühnerfeder
Borstenpinsel, Flachborstenpinsel
spitzer Marderhaar- oder Japanpinsel

Material
Acrylfarben, Acryllack

Farbbild
Die Steindosen sind aus der Barbara-Keller-Werkstatt, Tablett, Brillen-etui und Herzdose stammen von der Autorin.

Sinnestäuschung: Die Steinimitations-malerei verwandelt die grundierten Rohlinge in überraschende Objekte.
Als Grundton wird die angerührte Farbe (z. B. blau/grau, lachs/silberweiss) mit dem Schwamm aufgetragen.
Mit dem feuchten Schwamm darüber-stupfen oder mit einem kleinen Stofflappen die Farbe stellenweise weg-wischen. Marmoradern werden mit einem spitzen Pinsel mit dunkler Farbe aufgemalt.
Varianten: Mit drei bis vier in verschie-denen Farben getränkten Stoff-stücken die Farben in kleinen Flächen ineinanderstupfen. Eine Hühnerfeder in Farbe tauchen und unregelmässig durch die vorgefärbte Fläche ziehen.
Silber- oder Glimmereffekte verstärken die Steinwirkung. Dazu mit einem Zahnstocher Adern, Tüpfchen oder Flecken auf die Steinoberfläche zeichnen, eventuell etwas verwischen und abtupfen.
Das fertige Objekt wird mit Acryllack matt oder glänzend lackiert.

Werkzeug
Bürsten, Kämme, auch aus Karton geschnitten, Korkzapfen, Schwämme, flache, runde, breite Borstenpinsel

Material
*leichtes Packpapier, Vorsatzpapier, Zeitungspapier (auch unbedruckt), Werkdruckpapier, Ingrespapier
Kleister aus 5 Teilen Wasser und 1 Teil Kleister mit wenig Weissleim
Acrylfarben, Beizen, Tusche
Naturharzöl oder Acryllack*

Collagen

Papiere nach Farben und Mustern für das entsprechende Objekt zusammenstellen, dabei auf die Proportionen achten, und in nicht zu grosse Stücke reissen. Den Rohling einkleistern, die Collagefetzchen in Kleister tauchen, abstreifen, leicht überlappend aufkleben und den überschüssigen Leim abtupfen.
Voraussetzung für die Collagetechnik ist eine glatt ausgearbeitete, mit einer abschliessenden Papierschicht bezogene Fläche. Unebenheiten erschweren oder verunmöglichen die Collage.

Collage mit farbigem Japanpapier
Farbiges Japanpapier übereinanderschichten, flechten, Karos kleben.
Um das Muster vorzubereiten, zugeschnittene oder gerissene Streifen, Tupfen und andere Formen probeweise auflegen und die Farbeffekte studieren. Auf die eingekleisterte Grundfläche die trockenen Papierstreifen geben, mit dem Kleisterpinsel sanft überstreichen, andrücken.
Die fertige Collage mit Naturharzöl oder Acryllack wasserfest überziehen.

Kleisterpapier
Die Kleistermaltechnik verleiht dem Papier eine zauberhafte Wirkung.
Zu Collagen verarbeitet, eignet es sich vortrefflich für Papiermachéobjekte.
Auf einer glatten Unterlage das Papier mit dem Schwamm befeuchten.
Die ganze Fläche grosszügig mit Farbschwämmen oder breiten Pinseln bemalen. Die Farben dürfen sich überdecken. Mit Kämmen, Korkzapfen, Borstenpinseln, zerknülltem Papier usw. Konturen in die Farbe zeichnen. Der Farbauftrag wird dadurch verschieden dick, die Muster werden reliefartig.
Die Papiere zum Trocknen an eine Wäscheleine hängen und dann mit dem Bügeleisen glätten.

Teller und Schale in Kleisterpapiertechnik sind von der Autorin, das Serviertablett aus der Barbara-Keller-Werkstatt.

Freies Malen

Werkzeug
*Japanmesser
Schablonierpinsel oder umklebter
Rundborstenpinsel*

Material
*Farb- oder Ölpastellstifte
Seidenglanzlack
Halbkarton für Schablone
eventuell Klebeband
Acrylfarben, Acryllack*

Auf rauhen, gemusterten oder geprägten Pulpeoberflächen entstehen mit Farb- und Ölpastellstiften wirkungsvoll delikate Dekors. Mit Seidenglanz lackieren.

Mit der Schabloniertechnik werden flächige Muster in regelmässiger Wiederholung oder frei in Gruppen angeordnet. Die ausgeschnittene Schablone muss an gewölbten Objekten mit Klebeband festgeklebt werden. Wichtig: Den Schablonierpinsel immer rechtwinklig zum Objekt führen und nicht nass arbeiten!

Spritztechnik
Drucken

Mit Sieb und Zahnbürste wird die Farbe in feinen Partikeln versprüht. Zarte Schichten übereinander spritzen.

Werkzeug Spritztechnik
Sieb
Zahnbürste
Abdeckmaterial

Werkzeug Drucken
Verwaschpinsel
oder grosser Japanpinsel
Korkzapfen
Farbpinsel
Natur- und andere Schwämme

Material
Acryl-, Gouache-, Plakatfarben
entsprechende Lacke

Den farbgetränkten Pinsel dicht über dem Werkstück an der Hand oder einem Stab abklopfen. Sprenkelmuster sind für Fellimitationen geeignet, feine Tropfmuster für fragile Gefässe, sie erinnern an zart gesprenkelte Vogeleier.

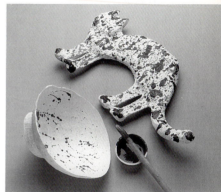

Korkzapfen sind einfache Druckmodel, die Grundfläche darf dabei auch unregelmässig sein. Die Farbe mit wenig Wasser in einem Teller anrühren, den Zapfen hineintauchen, auf einem Probepapier abstupfen, dann leicht drehend auf die Tablettfläche drucken.

Schwämme hinterlassen interessante Zeichnungen, ihre Poren erzeugen in mehreren Farbaufträgen brillante Oberflächen.

Gips

Werkzeug
*Plastikschüssel
Löffel, Spachtel, Flachborstenpinsel
Kamm, Schwamm, Holzstäbchen,
zerknülltes Zeitungspapier*

Material
*Modellgips
Kleister aus 1 Teil Kleister, 1 Teil
Weissleim*

Tip
*Die zum Anrühren verwendete
Schüssel immer sofort mit
einem Zeitungspapier von den Gips-
resten befreien. Gips trocknet
schnell und wird steinhart. Gipsreste
nie (!) in den Abguss giessen
(Verstopfungsgefahr der Abwasser-
leitungen).*

Für die Gipszubereitung wenig Wasser in eine Plastikschüssel geben. Ohne umzurühren, nach und nach den Gips hineinschütten. Der Gips sinkt ab, nimmt Wasser auf und bindet langsam ab. Nur soviel Gips nachschütten, bis dieser kein Wasser mehr aufnehmen kann. Die Masse von Hand sorgfältig verrühren, es dürfen keine Luftblasen und Klumpen entstehen, sonst splittert der Gips beim Trocknen ab.

Die cremige Gipsmasse im Sturz in den eingekleisterten Rohling giessen, diesen hin und her schwenken, bis die ganze Fläche mit einer Gipsschicht überzogen ist. Den restlichen Gips abgiessen. Gefässränder, Griffe und Sockel können auch mit einem flachen Borstenpinsel oder einem Spachtel mit Gips bestrichen werden.

In den feuchten, anziehenden Gips lassen sich verschiedenste Strukturen zeichnen.
Der Gips verfremdet das Papierobjekt, indem er an solides, schweres Stein- und Mauerwerk erinnert.

Gipsbandagen

Werkzeug
Schere
Kleisterpinsel
Pinzette

Material
Gipsbandagen
Kleister aus 1 Teil Kleister,
1 Teil Weissleim
eventuell Acryl-, Gouache- oder
Erdpulverfarben
Acryllack
Glaspapier Nr. 240

Eine weitere Möglichkeit der Oberflächenbearbeitung bieten auch Gipsbandagen mit ihrer Textilstruktur. Die Gipsbänder der Grösse des Objekts entsprechend zuschneiden. Den Rohling einkleistern, das Band durch das Wasser ziehen, abtropfen lassen und sogleich auf die eingekleisterte Fläche legen, mit dem Kleisterpinsel anstupfen.
Gips lässt sich auch in eingefärbtem Wasser auflösen. Wasserlösliche Farben verwenden, zum Beispiel verdünnte Acryl-, Gouache- oder auch Erdpulverfarben.
Gipsdekorationen mit in drei bis vier Schichten aufgetragenem Acryllack wasserfest überziehen. Nach jedem Anstrich trocknen lassen.
Alle farbig dekorierten, bemalten, beklebten Objekte nach zwölf Stunden lackieren. Vor jeder neuen Lackschicht mit Glaspapier Nr. 240 leicht anschleifen, den Staub wegpinseln, eventuell feucht abreiben.

Schmuckobjekte

Aus der Fülle und Vielfalt der in den vorangehenden Kapiteln vorgestellten Techniken können wir nun schöpfen und frei gestalten. Papiermaché-schmuck am Hals, auf dem Kopf, am Revers, am Arm, weihnächtlicher Schmuck für das Tannengrün. Geschnitten, geschichtet, geleimt, geformt, geknetet, gewickelt, gedreht und gefaltet – immer ist der aus Papier gestaltete Schmuck leicht, beinahe schwerelos, und besitzt den unverkennbaren Charme des Unikats. Als Werkzeug benötigen wir Blechschere, Papierschere, Papiermesser, Leimpinsel und Pinzette. Als Material dienen uns Karton und Kartonhülsen, Zeitungs-, Seiden-, Kleister- und Japanpapier, Pulpe, Kleister, Wäscheklammern zum Fixieren, Schnur, Silber-, Kupfer-, Messingdraht und plastifizierter Blumendraht, Acryl- oder Metallfarben, Alufolie. Zur Befestigung der Schmuckobjekte braucht es schliesslich noch Zubehör wie Broschennadeln, Clipsverschlüsse, Ohrsteckerfassungen, Feder- und Schraubverschlüsse.

Körperschmuck

Werkzeug und Material
siehe Seite 64 sowie gemäss den Anleitungen in Kapitel 1 und 2.

Farbbild
Die Verschlüsse der Ohrstecker und Clips sind jeweils mit Weissleim befestigt. Alle Schmuckstücke sind mit wasserfesten Farben bemalt und lackiert. Es sind Atelierarbeiten der Autorin.

Armreif und Ohrsteckerspirale (1), im selben lila Fleckenmuster bemalt, sind aus Kartonhülsen geschnitten. Der Entwurf für den Armreif wird auf die Kartonhülse gezeichnet und mit dem Kartonmesser ausgeschnitten, dann allseitig mit vier Schichten Papier umklebt. Während des Trocknens immer wieder probieren. Die Form mit Wäscheklammern fixieren. Die Ohrspirale ist aus einer Toilettenpapierrolle geschnitten. Allseitig umklebt, wird auch sie im feuchten Zustand geformt. Einmal trocken, bleibt der Schmuck dehnbar.

Aus dünnen, nicht überzogenen Pulperondellen ist das sehr fragil wirkende Ohrgehänge (2) gestaltet. Auch die modischen Ohrclips in der Herzdose (3) sind aus Papierteigkugeln geformt. Für die kostbar-antik wirkenden goldenen Ohrclips mit dem Spiralenmotiv (4) wurde die Grundform aus Pulpe gebildet und darauf Schnur aufgeklebt (siehe Seite 52). Die Brosche dahinter (5) wurde ebenfalls aus Pulpe auf einem Karton aufgebaut und zuletzt mit Japanpapier überklebt und mit metallischen Farben bemalt. Die dazupassende Brosche fürs Revers (6) wurde wie die Ohrsteckerspirale im feuchten Zustand zur Hülsenform gestaltet. Aus Pulpe geformt sind auch die zum filigranen Collier (7) auf Draht gereihten Teile. Durch zwei Kalotten gezogen, wird der Draht an Schnürkordeln festgeknotet.

Das Collier (8) aus gerollten Papierstreifen, mit geknautschten Papierperlen kombiniert, erinnert an ein Korallengebilde. Für die Ohrclips (9) ist in der Mitte der flachgedrückten Pulpescheiben ein fein geformtes Papierröllchen mit Kupferdraht befestigt.

Der muschelähnliche Ohrstecker, der dazupassende Anhänger und der Armreif (10) sind in ihrer Grundform aus Karton und wurden mit Kleisterpapiercollagen überklebt.

66

Kopfschmuck

Werkzeug und Material
gemäss den Anleitungen in Kapitel 1
und 2.

Farbbild
Alle Schmuckstücke und Hüte sind
Atelierarbeiten der Autorin.

Hüte für die Bühne oder das Kostüm-
fest. Für den Hut mit dem
vorstehenden «Gestänge» wurde
ein Papiersack über einen mit Vaseline
bestrichenen Blumentopf gestülpt
und mit etwa zehn Papierschichten
überklebt. Im angetrockneten Zustand
wurde er von der Form genommen
und zur Detailausgestaltung am Rand
eingeschnitten, oben leicht einge-
drückt und die Kante ausgeformt. Die
eingeklebten länglichen Perlen aus
gerollten Papierstreifen (siehe Seite 24)
geben dem Hut eine witzige Note.
Ein Plastikbecken bildet die Grundform
des blumengeschmückten Damen-
toques. Acht Schichten verleimte Pack-
papierstreifen geben dem Gebilde
Stabilität. Die barock geformten Rosen
und Blätter (siehe Seite 24/25)
schmücken verspielt die klare Hutform.
Der Manschetten-Armreif ist aus einer
Kartonhülse geschnitten und allseitig mit achtzehn Schichten umklebt.
Die letzten beiden aufgekleisterten
Schichten sind aus Seidenpapier. Der
Manschettenknopf ist aus einem
eingekleisterten Papierkügelchen geformt.
Die Papierschnurbrosche ist aus
gedrehten Papierkordeln
(siehe Seite 24) geschlungen.
Der aus Pulpe modellierte Fisch von
Seite 34 wird als Anhänger getragen.

Weihnachtsschmuck

Werkzeug und Material
*gemäss den Anleitungen in Kapitel 1
und 2.*

Farbbild
*Weihnachtsschmuck der Barbara-
Keller-Werkstatt.*

Für die Baumkugeln werden Bälle mit
Klarsichtfolie umhüllt und darauf
zwölf Lagen Papier aufgekleistert. Mit
kleinsten Papierstückchen arbeiten
und nach jeweils vier Schichten trocknen lassen.
Wenn die Kugel durchgetrocknet
ist, mit dem Japanmesser in der Mitte
durchschneiden, dabei einen
Strich zur Markierung anbringen, und
den Ball herauslösen (siehe Seite 14).
Die beiden Halbkugeln an der
Markierung aufeinanderlegen. Mit
feinen Klebebandstreifchen fixieren.
8 mm breite Seidenpapierstreifen
längs und quer über die Schnittstelle
kleben. (Das Klebeband zuvor
entfernen.)
Die trockenen Kugeln mit Schmuckelementen, Flitter usw. bekleben und
bemalen. Für die Aufhängeschlaufe
ein Loch stechen. Eine Drahtschlaufe
formen, das Ende quer biegen. Die
Drahtschlaufe mit Weissleim einkleben,
die Arretierung stellt sich dabei im
Inneren der Kugel quer.
Eine reizvolle Variante sind Baumkugeln aus zerknülltem, eingekleistertem Seidenpapier (siehe Seite 64,
Bildmitte).
Überklebte oder als Hohlform verwendete Backformen verwandeln sich
in schmucke Objekte, ebenso
ausgeschnittene, überklebte Tierformen. Die aus spitz zulaufenden
Kartondreiecken gebildeten
Eiszapfen werden im halbfeuchten
Zustand geformt.

Wichtiges von A bis Z

A

Abdeckband oder Klebeband (Tesaband) zum Befestigen der als Trennschicht dienenden Klarsichtfolie, zum Umwickeln von Papierwülsten und Grundformen, als Hilfsmittel zum Fixieren.

B

Bälle, Ballone als Grundform für Dosen, Weihnachtskugeln, Schalen.

C

Collage: attraktive Dekorationstechnik aus einer Kombination verschiedenfarbiger oder verschieden gemusterter Papiere.

D

Dünne Papiere, wie Orangen-, Seiden- oder Japanpapier, eignen sich besonders gut für Leuchten.

F

Farben: Neben den wasserfesten Acrylfarben eignen sich Farbstifte, Farbkreiden, Gouache-, Plakat-, Aquarell- und Lasurfarben, Beizen und Tusche.

G

Gips kann Papiermachéobjekte verfremden und ermöglicht verschiedenste Strukturen.
Grundieren: Vor einem hellen Anstrich muss der Rohling mit weisser Farbe grundiert oder mit einer Schicht Seidenpapier überzogen werden.

H

Hohlformen mit geringem Durchmesser eignen sich zum Überziehen mit Papiermaché.

I

Immer nach vier Schichten Trockenpause.

K

Kleister: Weizen- oder Fischkleisterpulver ist in Drogerien und Warenhäusern erhältlich. Grundrezept siehe «Wasser» sowie Seite 10.

L

Lappen: Feuchte Lappen für klebrige Hände bereithalten.

Lackieren: drei bis vier Schichten auftragen.
Leinöl erhöht die Festigkeit und macht den Papierteig geschmeidig und formbar; es macht, in vier Schichten aufgetragen, Oberflächen wasserfest.

N

Nelkenöl konserviert den Papierteig.

O

Oberflächenstrukturen sind ein wichtiges Gestaltungselement und verleihen den Papierobjekten eine reizvolle Note.

P

Pulpe ist die Bezeichnung des ausgekochten, mit diversen Zutaten vermischten Papierteigs.
Packpapier verleiht als Zwischen- oder Abschlussschicht dem Werkstück Stabilität.
Papier mit einer Appretur oder Laminage ist ebenso wie zu schweres Papier ungeeignet.

Q

Quer- und Längsrichtung: Die Laufrichtung des Papiers ist zu beachten, um Spannungen und Verziehen des fertigen Objekts zu verhindern.

R

Rauhe Oberflächen können ein Gestaltungselement sein; falls sie nicht erwünscht sind, mit Glaspapier schmirgeln.

S

Strukturen: Dem Papier kann durch Falten, Kräuseln, Knüllen, Kneten Struktur gegeben, der Papierteig oder Gips mit Kämmen, Schrauben, Messerspitzen bearbeitet werden. Textile Wirkung erhält man mit Gipsbandagen. Kleisterpapier wird mit Borstenpinseln gestupft.
Sägemehl und Schlemmkreide sind Füllmaterialien für die Pulpe.

T

Trennschicht: Zwischen Träger und Papieraufbau kommt eine Klarsichtfolie in dünnster Qualität oder eine Schicht Vaseline.

U

Unterlagen, die abwaschbar sind, verwenden.

V

Viel Sonne oder Wärme benötigen massive Pulpeobjekte.

W

Wasser: 5 Teile Wasser, 1 Teil Kleister, 1–2 Esslöffel Weissleim ist das Kleisterrezept. Weissleim bindet schnell ab, verkürzt den Trocknungsprozess und gibt dem Papier Elastizität.

Z

Zeitungen von A bis Z. Nicht zu satt bedrucktes Papier verwenden.